CHILDREN'S B

Alicia en el País de Las Maravillas

SPANISH READER FOR KIDS OF ALL AGES!
Intermediate Level

Selected and translated by:
Álvaro Parra Pinto

Edited by
Alejandro Parra Pinto

EDICIONES DE LA PARRA
Caracas, Venezuela 2014

Copyright c 2014 by Alvaro Parra Pinto
All rights Reserved

CHILDREN´S BOOKS IN EASY SPANISH
Volume 3

Alicia en el País de las Maravillas
Intermediate Level

This volume was written in simple, easy Spanish for elementary-level students. Fun and easy to read, the text was edited and simplified to increase language comprehension and ease reading practice with simple wording, short sentences, and moderate, elementary-level vocabulary

ALL RIGHTS RESERVED

This book may not be reproduced in whole or in part, by any method or process, without the prior written permission from the copyright holder. Unauthorized reproduction of this work may be subject to civil and criminal penalties.

Copyright © 2014 by Alvaro Parra Pinto. *All rights Reserved*

ISBN-13: 978-1503000841
ISBN-10: 1503000842

Amazon Author page:
http://amazon.com/author/alvaroparrapinto

Volume 3: Alicia en el País de las Maravillas

CONTENIDO

*EL MISTERIOSO CONEJO BLANCO

Page 1

*EL CHARCO DE LÁGRIMAS

Page 9

*UNA CARRERA LOCA

Page 13

*LA CASA DEL CONEJO

Page 19

*CONSEJOS DE UNA ORUGA

Page 25

*CERDO Y PIMIENTA

Page 31

*EL SOMBRERERO LOCO

Page 37

Children´s Books In Easy Spanish

*LA REINA

Page 43

* ALICIA Y EL JUICIO FINAL

Page 49

*ABOUT THE AUTHORS

Page 57

EL MISTERIOSO CONEJO BLANCO

HABÍA UNA VEZ, HACE MUCHO, MUCHO TIEMPO, una pequeña niña llamada Alicia. Ella vivía con su familia en una pequeña casa de campo y era muy feliz.

Alicia era una niña muy buena y hermosa, pero también era muy traviesa… Tenía una hermana mayor con quien siempre jugaba y conversaba. Siempre paseaban por el campo, se bañaban en el río o montaban sus bicicletas.

Una tarde, Alicia y su hermana salieron a caminar. Cuando llegaron al río las dos hermanas se sentaron en la orilla. Como era un bonito día, Alicia le dijo a su hermana:

-¡Tengo ganas de bañarme! ¿Quieres?

-No, Alicia, hoy no –le contestó la hermana.

-¿Por qué no?

-Porque hoy traje un libro que quiero leer.

-¿Un libro?

-Así es…

La hermana de Alicia sacó un pequeño libro de su bolso y comenzó a leerlo. Alicia se quedó sentada, sin hacer nada. Miró a su hermana. Estaba concentrada. Entonces miró el libro.

-¿Qué libro tan aburrido es ese que no tiene ni un dibujo? -se preguntó Alicia mentalmente.

Sin poder hablar para no interrumpir la lectura de su hermana, Alicia se quedó sin nada que hacer. Minutos después, comenzó a tener sueño y a quedarse dormida…

De pronto vio cerca de ella a un curioso conejo blanco vestido con un chaleco que lo hacía ver muy cómico.

-¡Ay Dios! ¡Debo apurarme! ¡Voy a llegar tarde! –dijo el conejo.

El conejo sacó un reloj de bolsillo y dijo:

-¡Ay Dios! ¡Ya es muy tarde!

El conejo corrió hacia un grupo de árboles cerca del rio.

Llena de curiosidad, Alicia corrió detrás del conejo.

La niña corrió rápidamente hacia los árboles y vio como el conejo entró a un pequeño agujero en el suelo, al pie de uno de los árboles.

Alicia corrió detrás del conejo y, como su cuerpo era pequeño, entró en el agujero.

¡Entonces sintió que se caía!

Mientras caía, ella intentó ver algo Pero el agujero estaba tan oscuro que no veía nada.

Para su sorpresa, Alicia continuó cayendo. Y mientras más caía, más se aclaraba el interior del agujero.

¡Entonces vio que las paredes del agujero estaban cubiertas de libros! ¡Era como si estuviera en una enorme biblioteca!

Poco a poco la velocidad de su caída disminuyó hasta volverse muy lenta. ¡Era como si flotara!

Cuando finalmente llegó al final del agujero, Alicia cayó suavemente en el suelo, sin sufrir ningún daño.

-¿En dónde estoy? –se preguntó Alicia mirando a su alrededor.

Ella estaba frente a un largo pasillo.

Entonces vio al conejo blanco corriendo en el pasillo, a toda velocidad.

-¡Ay Dios! ¡Ya es muy tarde! –seguía diciendo el conejo.

Sin pensarlo, Alicia corrió detrás del conejo.

-¡Espérate conejo! -gritaba Alicia.

Pero el conejo corría muy rápido y entró por una puerta que estaba al final del pasillo antes de desaparecer.

Cuando Alicia finalmente llegó al final del pasillo y cruzó la puerta, vio un pequeño salón con varias puertas. Lamentablemente, todas las puertas estaban cerradas y no logró abrir ninguna.

-¿Qué voy a hacer? –se preguntó Alicia.

En el centro del salón había una mesa.

Sobre la mesa había una pequeña llave de oro.

Alicia tomó la llave de oro y trató de abrir alguna puerta. Pero no pudo porque la llave era demasiado pequeña.

Entonces Alicia vio una pequeña puerta que no había visto antes.

Tomando la llave, la introdujo en su cerradura y la abrió. ¡En el otro lado había un hermoso jardín!

-¡Qué lugar tan bonito! –exclamó Alicia con ganas de visitarlo.

En ese momento ella miró hacia la mesa y vio una botella.

-¡Qué extraño! —dijo-. ¡Esa botella no estaba antes ahí!

Cerró la pequeña puerta y se acercó a la mesa. Tomó la botella y la observó. Tenía una etiqueta de papel que decía: "BÉBEME".

Destapó la botella y se tomó un trago.

-¡Delicioso! —dijo contenta y se bebió hasta la última gota.

-¡Ay qué raro! ¡Siento que me estoy volviendo más pequeña! —dijo mientras que su cuerpo se encogió hasta llegar a un tamaño de unos treinta centímetros.

Alicia estaba contenta. Pensó en cruzar la pequeña puerta y visitar el jardín, pero había dejado la pequeña llave sobre la mesa. ¡Y era demasiado pequeña para alcanzarla!

Al bajar su mirada, vio una pequeña caja debajo de la mesa.

-¡Qué raro! –dijo Alicia-. ¡No había visto esa caja ahí!

Cuando abrió la caja, consiguió un pequeño pastel con un letrero que decía "CÓMEME".

Mordió el pastel y se sentó a esperar el resultado. Seguía del mismo tamaño.

Finalmente, como no pasaba nada, ¡Alicia se comió todo el pastel!

Children´s Books In Easy Spanish

EL CHARCO DE LÁGRIMAS

Después de unos momentos, Alicia empezó a crecer.

-¡Ay! ¡Estoy creciendo cada vez más! –gritó sorprendida.

Creció tanto que su cabeza golpeó el techo. Entonces tomó la pequeña llave que estaba sobre la mesa y abrió la pequeña puerta. Se agachó y se asomó por la puerta. Una vez más vio el maravilloso jardín. ¡Pero ella era demasiado grande!

Alicia se sintió muy triste. No sabía cómo reducir su tamaño ni cómo salir de aquel extraño lugar. Entonces sintió mucho miedo y se puso a llorar.

Y como ella era muy grande, ¡sus lágrimas pronto formaron un enorme charco!

-¡Ay, qué voy a hacer! -gritó Alicia llorando-. ¡Nunca saldré de aquí!

En ese momento el conejo blanco entró por la puerta al salón. Pero no se dio cuenta de que Alicia estaba allí.

-¡Ay, la duquesa! ¡Ay, la duquesa! –dijo el conejo con preocupación-. ¡Si llego tarde se va a molestar!

Entonces Alicia le habló:

-Disculpe, señor conejo…

Al escuchar la voz de Alicia el conejo volteó y se asustó tanto al verla que corriendo a toda prisa.

Con el susto, el conejo dejó caer uno de sus guantes.

Alicia recogió el guante y se lo puso.

Al principio sólo pudo meter un solo dedo. Pero pronto ella se volvió a encoger y el guante del conejo se fue adaptando a su propia mano.

-¡Ay qué extraño! –dijo Alicia-. ¡Parece que el guante del conejo blanco me hizo disminuir de tamaño!

¡Alicia estaba pequeña otra vez! Pero la llave seguía sobre la mesa. Trató de caminar hacia la mesa, pero se encontró con el gran charco que sus propias lágrimas habían hecho en el centro del salón.

Alicia trató de nadar hasta la pata de la mesa pero no pudo. ¡El charco parecía un enorme mar de agua salada!

Finalmente logró nadar hasta una de las patas de la mesa.

Alicia vio algo en el agua, nadando también. Con gran sorpresa vio que era un pequeño ratón que había caído en el charco.

-¡Hola señor ratón! –gritó Alicia-. ¿Usted sabe cómo salir de este charco?

El ratón no le contestó y siguió nadando.

-¡Hola señor ratón! –gritó Alicia con más fuerza.

-Disculpe, no la escuchaba –respondió el ratón.

-No se preocupe, pero dígame usted ¿Cómo hago para salir de este inmenso charco?

-¡Creo que la orilla queda hacia ese lado! –dijo el ratón señalando con el dedo hacia la derecha.

En ese momento, para sorpresa de Alicia, vio otros animales nadando en el charco, incluyendo un pato, un ave dodo, un flamenco y otras interesantes criaturas.

Alicia se lanzó al agua y comenzó a nadar hacia la orilla y todos los demás la siguieron, nadando con ella.

Volume 3: Alicia en el País de las Maravillas

UNA CARRERA LOCA

Después de nadar durante unos minutos, Alicia y los animales que la seguían llegaron a la orilla.

Todos estaban molestos y mojados. Entonces comenzaron a discutir sobre la mejor manera de secarse, pero no lograban ponerse de acuerdo.

-¡Silencio todos! -gritó el ratón, interrumpiendo la discusión.

Todos se quedaron callados.

-¡Basta ya! -dijo el ratón-. ¡Si alguno de ustedes realmente sabe cuál es la mejor manera de secarnos que hable ya! ¡Los demás cállense!

-¡Yo sé cómo hacerlo! –anunció el ave dodo con una sonrisa-. ¡La mejor forma de secarnos es con una carrera loca!

-¿Una carrera loca? –preguntó Alicia con curiosidad.

-¡Eso mismo!–contestó el dodo. Entonces tomó un largo palo y, con él, dibujó un enorme círculo en el suelo-. ¡Vamos! ¡Colóquense todos dentro del círculo!

Todos se colocaron en diferentes puntos dentro del círculo.

¡Y ahora… todos a correr lo más rápido que puedan dentro del círculo! –dijo el dodo-. ¡Que comience la carrera loca!

Todos empezaron a correr.

Cada quien corría como quería dentro del círculo, en la dirección que quería y lo más rápido que podía.

14

Volume 3: Alicia en el País de las Maravillas

Después de unos minutos todos estaban secos.

-¡Alto! –gritó el dodo-. ¡Terminó la carrera!

Todos dejaron de correr.

-¿Y quién ganó la carrera? –preguntó el pato.

-¡Sí, verdad! ¡No creo que nadie haya ganado! –dijo el ratón.

El dodo se quedó callado antes de responder:

-¡Todos ganamos! ¡Y todos merecemos un premio!

-¡Qué bueno! ¿Pero quién nos dará nuestros premios? –preguntó el pato.

-¡Ella! –dijo el dodo, señalando a Alicia.

Todos los presentes voltearon a ver a Alicia y gritaron como locos:

-¡Queremos nuestros premios! –dijeron-. ¡Queremos nuestros premios!

Alicia se sintió confundida y dio unos pasos hacia atrás.

El ave dodo y el pato se acercaron a Alicia.

-Tú pareces una forastera –le dijo-. Seguramente tienes algo que puedas darnos…

-¡Sí! –dijo el pato con impaciencia-. ¡Queremos nuestros premios ya!

Alicia sintió miedo.

-¿Qué voy a hacer? –se dijo a sí misma revisando sus bolsillos-. ¡Yo no tengo nada que darles!

En eso, Alicia encontró una caja de galletas en uno de sus bolsillos. Cuando la abrió, vio que había exactamente una galleta para cada uno de los presentes.

-¡Aquí están sus premios!–dijo contenta-. ¡Una galleta para cada uno!

Todos se acercaron a Alicia y tomaron sus galletas con emoción. Se las comieron con mucha alegría.

-¡Que galletas tan ricas! –dijo el pato.

-Sí, son muy ricas. Esas galletas eran para mi gata.

-¿Una gata? ¡Ay qué miedo! –dijo el ratón evidentemente asustado-. ¡A mí me dan mucho miedo los gatos! ¡Qué susto! ¡Vámonos de aquí!

El ratón salió corriendo y gritando como loco.

Todos los demás animales lo siguieron, también gritando, dejando a Alicia completamente sola.

¡Ay, no debí haber mencionado a mi gata! –dijo Alicia y se puso a llorar.

Entonces ella escuchó un pequeño ruido, como de pisadas.

Pensó que era uno de los animales que había cambiado de opinión y volvía con ella, pero estaba por llevarse una gran sorpresa…

Children´s Books In Easy Spanish

LA CASA DEL CONEJO

Cuando Alicia volteó a ver cuál era el origen de aquellas pisadas, se dio cuenta de que era el conejo blanco.

-¡Oh dios, que tarde es! –dijo el conejo- ¡La Duquesa me va a matar! ¿Dónde se me habrán caído?

Alicia comprendió que el conejo buscaba sus guantes.

Ella quiso ayudar al conejo y se puso a buscarlos. Buscó y buscó pero no encontró nada.

Al mirar a su alrededor, Alicia se dio cuenta de que todo en el salón había cambiado. ¡La mesa del centro del salón había desaparecido! ¡Igualmente había desaparecido la pequeña puerta que daba al jardín maravilloso!

El conejo vio a Alicia y dijo, de muy mal humor:

-¡Ana María! ¿Qué estás haciendo aquí?

Alicia lo miró, confundida.

-¿Yo? –dijo ella.

-¡Sí! ¿Quién más? –gritó el conejo-. ¡Vamos, corre hasta la casa y tráeme un par de guantes que tengo en mi habitación!

Alicia se sintió tan asustada con los gritos del conejo, que salió corriendo a cumplir su orden, en la dirección que el conejo le señaló.

-El conejo debe creer que yo soy otra persona –se dijo Alicia mientras corría a casa del conejo-. ¡De todos modos lo ayudaré!

Volume 3: Alicia en el País de las Maravillas

Poco después, Alicia llegó a una bonita casa. En la puerta había un letrero que decía "Conejo blanco".

Alicia entró y buscó los guantes.

Subió unas escaleras que daban al segundo piso y entró a un pequeño dormitorio. ¡Y ahí los consiguió!

-¡Aquí están! —exclamó Alicia con emoción-. ¡Son los guantes del conejo blanco!

Antes de irse, Alicia vio una botellita. Estaba sobre la mesa de noche. La botella no tenía un letrero que dijera "BEBEME" ni algo parecido. Pero de todos modos, Alicia la tomó en sus manos y bebió su contenido.

-¡Espero que me haga crecer! ¡No me gusta estar tan pequeña! —dijo Alicia después de beber.

Inmediatamente, Alicia comenzó a crecer rápidamente.

La niña creció y creció… ¡hasta que su cabeza se pegó contra el techo!

Alicia tuvo que agacharse para no romperse el cuello.

-¡Ay, qué horrible! ¡Tengo que dejar de crecer! –se dijo.

Pero Alicia seguía creciendo sin parar.

Creció tanto, que tuvo que sacar los brazos por las ventanas.

A pesar de eso, ella casi destruye la casa.

De pronto Alicia dejó de crecer, pero ya era muy tarde.

Ella había crecido tanto que apenas se podía mover dentro de la casa.

¡No voy a poder salir de aquí! –dijo Alicia angustiada-. ¡Ojalá no hubiera entrado en esa madriguera! ¡Estaría en mi casa, tranquila! ¡Y no en esta situación tan horrible!

De pronto, Alicia escuchó una voz que venía del exterior de la casa.

-¡Ana María! –escuchó decir-, ¿dónde están mis guantes?

Era el conejo blanco que llagaba a su casa, cansado de esperar por sus guantes.

Volume 3: Alicia en el País de las Maravillas

Alicia sintió al conejo tratando de entrar a su casa.

Ella tuvo mucho miedo. Entonces pensó que con su gran tamaño no había motivo para temerle.

El conejo trató de entrar a la casa. Pero, como Alicia estaba apretada en ella, no pudo abrir la puerta.

Entonces el conejo llamó a unos amigos.

Alicia no sabía quiénes eran, pues no los podía ver, pero oía sus voces.

El conejo se puso a discutir con sus amigos sobre el modo de resolver el problema de su casa.

Después de analizar muchas propuestas, todos decidieron tirar galletas hacia dentro de la casa.

-¿Galletas? ¿Será que si me como una de estas galletas recuperaré mi tamaño normal?–se preguntó Alicia.

Entonces se comió una de las galletas y, casi inmediatamente, se hizo más pequeña.

Cuando salió por la puerta de la casa, se encontró con varios animales que la estaban esperando.

Los animales estaban furiosos y querían castigarla.

Alicia sintió mucho miedo y salió corriendo.

Ella corrió lo más rápido que pudo.

Corrió tan rápido, que pronto dejó atrás a los que la perseguían y llegó a un bosque cercano. Con mucho miedo, entró al bosque y comenzó a recorrerlo.

-¡Ay! ¿Dónde estoy? –se preguntó Alicia-. ¡Quiero regresar a casa!

Al mirar a su alrededor, Alicia vio una columna de humo viniendo de un claro a cierta distancia.

Ella se acercó al humo y vio su origen.

Era una gran oruga que fumaba una larga pipa, acostada tranquilamente sobre un enorme hongo.

CONSEJOS DE UNA ORUGA

CONSEJOS DE UNA ORUGA

Alicia se quedó mirando a la oruga durante un largo rato.

Se quedó mirándola en silencio, pues le parecía algo muy raro ver a esa extraña criatura, fumando tranquilamente una pipa.

Al fin, la oruga se quitó la pipa de la boca y después de botar una gran bocanada de humo, le preguntó:

-¿Cómo te llamas?

-Me llamo Alicia -respondió ella con timidez.

-¿Y qué eres?

-Bueno, este…soy una niña ¿Acaso no lo parezco?

¡No existen niñas tan pequeñas!

-Esta mañana no era tan pequeña. Pero me tome el contenido de una botella y me encogí al tamaño de un ratón. Luego me comí una galleta y volví a crecer. Después me conseguí con el conejo blanco y me dijo…

-¡Basta! ¡Me mareas! –interrumpió la oruga con antipatía.

Alicia se molestó con la actitud de la oruga y se volteó para irse.

-¡Espera! –gritó la oruga-. ¡Te tengo que decir algo muy importante!

A Alicia le interesaron las palabras de la oruga y regresó a donde estaba ella.

Volume 3: Alicia en el País de las Maravillas

-¿Qué me quieres decir? –le preguntó la niña.

-Lo que te quiero decir... -dijo la oruga con indiferencia- es que no seas tan malhumorada.

-¿Eso es? –preguntó Alicia, muy molesta.

-No totalmente –contestó la oruga antes de seguir fumando.

Después de unos segundos, preguntó:

-¿Entonces, realmente eres una niña?

-¡Sí! ¡Pero hoy cambié varias veces de tamaño y ahora estoy muy pequeña!

-¡Qué problema!

-¡Pues, claro que es un problema! –gritó Alicia.

-¿Y qué tamaño quieres tener?

-¡No lo sé! ¡He cambiado tanto, que ya no sé qué tamaño debería tener!

-¿Y entonces por qué te molesta tu tamaño?

27

-¡Estoy demasiado pequeña!

-¿Qué dices? ¡Tu tamaño es perfecto! –gritó la oruga, muy molesta-. ¡Tú tienes mi tamaño!

La oruga se levantó y se puso de pie al lado de Alicia.

Los dos eran del mismo tamaño.

Al darse cuenta de esto, Alicia se sintió un poco avergonzada.

-Bueno sí, no es un mal tamaño –dijo ella- pero yo estoy acostumbrada a ser más grande... mucho más grande...

-Pronto te acostumbrarás –dijo la oruga y antes de ponerse a fumar otra vez.

Después de unos segundos, la oruga habló otra vez:

-Con un lado crecerás y con el otro te encogerás.

-¿Qué? –preguntó Alicia.

- Con un lado crecerás y con el otro te encogerás.

-¿Qué quiere decir?

Volume 3: Alicia en el País de las Maravillas

-Me refiero al hongo ¿Qué más? –contestó la oruga mientras se levantó para irse.

-¿Al hongo?

Para sorpresa de Alicia, la oruga tomó su pipa y se fue caminando sin decir otra palabra, hasta perderse dentro del bosque.

Alicia miró el hongo.

-Con un lado crecerás y con el otro te encogerás –dijo-. ¿Cuál de los dos lados me hará crecer?

Entonces agarró un pedazo de cada lado.

Alicia mordió el primer pedazo.

Inmediatamente se hizo más pequeña.

Ella se asustó y rápidamente mordió el segundo pedazo.

Apenas se lo comió, comenzó a crecer hasta recuperar su tamaño normal.

-¡Qué divertido! ¡Al fin tengo mi tamaño! –dijo contenta-. ¡Ahora voy a buscar aquel maravilloso jardín que vi al llegar!

Antes de irse, Alicia tomó más trozos del hongo y se los guardó en los bolsillos. Después comenzó a caminar por un sendero del bosque.

-¿A dónde llevará este camino? ¡Ojalá sea al jardín maravilloso!

Después de varios minutos, Alicia llegó a una casita muy pequeña. ¡Sólo medía un metro de altura!

-¿Quién vivirá en esta casita? Me voy encoger para poder tocar a la puerta.

Entonces Alicia mordió el pedazo del hongo que la hacía encoger. Rápidamente, la niña se vio reducida a un tamaño de unos veinte centímetros.

Volume 3: Alicia en el País de las Maravillas

CERDO Y PIMIENTA

Alicia se quedó parada delante de la puerta de la casa.

No se decidía a entrar.

De pronto un extraño ser con cara de pez llegó a la casa.

Parecía ser un sirviente. Llevaba un uniforme parecido al de los criados de la abuela adinerada de Alicia.

El sirviente tocó la puerta. La puerta se abrió y apareció otro sirviente. Éste parecía una rana.

-Buenos días, ¿en qué puedo servirle? –preguntó el sirviente de la casa.

-Buenos días, le traigo a la Duquesa una invitación de la reina. Es una invitación para jugar al croquet –dijo el otro, entregándole un gran sobre.

Después de entregar el sobre, el sirviente con cara de pez hizo una ridícula reverencia y se marchó por donde vino. El sirviente con cara de rana se quedó parado frente a la casa y miró a Alicia.

Ella se acercó a la puerta.

-¿Quién eres? –le preguntó el sirviente a la niña-. ¡Nosotros no recibimos visitas!

-Pero…

-¡Nada de peros! ¿Para qué quieres entrar?

-Necesito ayuda…

-¿Necesitas ayuda? ¡Eso es diferente!

El sirviente con cara de rana le abrió la puerta y la invitó a pasar.

Dentro de la casa había una enorme cocina con piso de piedra. El lugar estaba lleno de humo. Allí estaba la duquesa con un bebé en sus brazos.

En el centro de la cocina, había un gran caldero y una cocinera revolvía su contenido con una enorme cuchara.

Había un fuerte olor a pimienta en el aire.

Todos, excepto la cocinera, estornudaban sin parar.

El bebé parecía ser el más afectado. Estornudaba y lloraba horriblemente. Alicia también se sintió afectada por el olor y empezó a estornudar.

La duquesa miró a Alicia y le dijo:

-¡Niña, agarra al bebé! ¡Yo debo arreglarme para el partido de croquet con la reina!

Alicia tomó al bebé en sus brazos.

El niño lloraba y estornudaba como loco. Alicia caminó hacia la puerta y le dijo:

-Vamos, niño, salgamos de la casa para que respires aire fresco. ¡Aquí no se puede respirar con tanto olor a pimienta!

Cuando salieron Alicia y el bebé dejaron de estornudar.

Entonces ella le miró el rostro al pequeño y descubrió que en realidad ¡no era un niño sino un cerdito!

-¡Ay! ¿Qué es esto? –dijo Alicia, soltando al cerdito- ¡Yo pensaba que era un bebé!

El cerdito cayó sobre sus cuatro patas y echó a correr, perdiéndose en el bosque.

¡Qué cosas tan extrañas suceden aquí! –dijo Alicia alejándose de la casa.

Mientras caminaba, ella miró un árbol cercano y vio, montado en una rama, a un enorme gato.

Alicia se sorprendió al ver al gato. Sobre todo porque tenía una gran sonrisa de oreja a oreja.

-¡Hola gato! —ella dijo-. ¿Cómo hago para salir de aquí? –preguntó Alicia.

-¿Para dónde quieres ir?

-¡Quiero ir a casa!

-No puedo ayudarte... Pero conozco alguien que sí puede ayudarte...

-¿Quién?

-¡El sombrerero loco!

-¿El sombrerero loco? ¿Realmente está loco?

-¡Loco, sí! ¡Aquí todos estamos locos! –dijo el gato, siempre con la gran sonrisa.

-¡Yo no estoy loca! -exclamó Alicia.

-¡Claro que sí! ¡Estás loca y por eso estás aquí!

Alicia se sintió un poco molesta por lo que dijo el gato, pero decidió no hacerle mucho caso.

-Dime, niña, ¿piensas ir al partido de croquet de la reina?

-¡Me gustaría! ¡Pero no me han invitado!

-¡Nos vemos ahí! –dijo el gato antes de desaparecer.

Alicia siguió caminando por el sendero del bosque, queriendo ver al sombrerero.

Volume 3: Alicia en el País de las Maravillas

EL SOMBRERERO LOCO

Cuando Alicia llegó a la casa del sombrerero loco, lo encontró sentado ante una enorme mesa en su jardín. Había muchas tazas de té servidas en la mesa y le acompañaban una liebre y un lirón.

-¡Hola! -Alicia los saludó, sentándose en un extremo de la mesa-. ¿Pueden ayudarme?

-¡Hola, niña! –saludó la liebre con una sonrisa-. ¿Necesitas ayuda?

-Sí –dijo Alicia.

-¡Nosotros también! –dijo la liebre riendo.

En ese momento el sombrerero miró a Alicia muy serio y después de examinarla le dijo:

-Dime, pequeña niña, te tengo una adivinanza. ¿En qué se parecen un cuervo y un escritorio? –le preguntó.

Alicia no supo qué decir.

-El tiempo pasa –dijo sacando un reloj del bolsillo. Después de observarlo durante algunos segundos, el sombrerero comenzó a pegarle con una cuchara.

-¿Qué hace señor? –preguntó Alicia.

-¡Este reloj se dañó! –respondió el sombrerero.

-¿Se dañó?

-Sí, dime niña, ¿qué fecha es hoy?

-Hoy es cuatro de agosto –respondió Alicia.

-¡Este reloj está malo! ¡No dice bien la fecha! –dijo el sombrerero lanzando al reloj en una taza de té. ¿Dices que hoy es el cuatro de agosto?

-Sí, señor, el cuatro de agosto.

-¡Cuatro de agosto! ¡Vaya! ¡Hoy es un día muy importante!

-¿Un día muy importante? ¿Por qué? –preguntó Alicia, intrigada.

-¡Hoy es el día de mi "no cumpleaños"! –gritó el sombrerero.

-¡Es verdad! –gritó la liebre riendo-. ¡Lo había olvidado! ¡Y qué casualidad! ¡Hoy también es el día de mi "no cumpleaños"!

-¡Entonces, feliz "no cumpleaños, amigo! –gritó el sombrerero.

-¡Feliz "no cumpleaños para ti también"! –gritó la liebre.

-¿Feliz no cumpleaños? –preguntó Alicia-. ¿Cómo es eso?

-¡Es simple! ¡Celebrar el "no cumpleaños" es lo mejor que hay! –explicó el sombrerero-. ¡En todo el año sólo hay un cumpleaños! ¡En cambió hay trescientos sesenta y cuatro "no cumpleaños"! ¡Así que podemos celebrar todos los días! ¡Feliz "No cumpleaños" para ti también!

-Gracias –dijo Alicia sin entender mucho.

El sombrerero comenzó a cantar y bailar como un loco, sobre la mesa.

La liebre y el lirón lo siguieron y también bailaron sobre la mesa.

¡Alicia estaba confundida! ¡Todos estaban locos!

Después de bailar, el sombrerero miró a Alicia y, levantando una ceja, le dijo:

-Dime, pequeña niña, ¿ya sabes la respuesta de mi adivinanza? –le preguntó -. ¿En qué se parece un cuervo a un escritorio?

-¡No lo sé! –contestó Alicia.

-¡Nosotros tampoco! –gritaron el sombrerero y la libre a la vez, riéndose como locos.

40

-¡Ustedes están locos! ¡Con ustedes no se puede hablar! ¡Mejor me voy de aquí! –dijo Alicia, levantándose de la mesa.

Ellos no le hicieron caso y siguieron riéndose.

Después de caminar durante varios minutos, Alicia vio un árbol que le llamó mucho la atención. Era un árbol muy, muy grande y en el tronco tenía una linda puerta de madera.

-¡Qué árbol tan extraño! ¡Tiene puerta! –exclamó ella acercándose al árbol con curiosidad.

Alicia abrió la puerta en silencio y, al entrar al interior del árbol, se llevó una enorme sorpresa.

¡Era el mismo salón a donde había ido a parar cuando cayó por la madriguera del conejo, al principio de su aventura!

La llavecita dorada aún se encontraba sobre la mesa.

La pequeña puerta que daba al jardín maravilloso, aún continuaba cerrada.

-¡Esta vez voy a hacer todo bien! ¡Entraré al jardín maravilloso! –dijo Alicia, muy contenta.

Entonces Alicia agarró la pequeña llave dorada y abrió la puertecita que daba al jardín maravilloso. Luego mordió un pedazo del hongo que la hacía encoger. ¡Y así, cuando se hizo pequeña, corrió hacia la pequeña puerta y entró al jardín que tanto había querido visitar!

LA REINA

Cuando Alicia entró al jardín, vio un bello rosal.

Sus flores eran muy hermosas, de un lindo color blanco.

Pero Alicia pronto quedó muy extrañada.

Tres jardineros estaban pintando las flores de color rojo.

Los tres jardineros tenían una forma muy rara. ¡Parecían barajas o cartas de naipes! ¡Cartas con brazos y piernas!

Alicia sintió mucha curiosidad.

De inmediato caminó hacia los jardineros para ver qué pasaba.

-Señores –les dijo-. ¿Por qué pintan las flores de rojo?

-¡Ay señorita! A nosotros nos ordenaron plantar aquí un rosal de flores rojas –dijo uno de los jardineros.

-¡Así es! –agregó otro jardinero-, ¡Pero nosotros nos equivocamos! ¡Sembramos un rosal blanco por error! Si la reina de corazones se da cuenta, ¡nos mandará a cortar la cabeza! Por eso las estamos pintando.

-¡Cuidado! –gritó nervioso el tercer jardinero-. ¡Ahí viene la reina!

Los tres jardineros se arrodillaron en el suelo y se quedaron esperando a que llegara la reina.

La reina llegó con el rey y varios soldados y cortesanos. Y para sorpresa de Alicia, ¡todos tenían la misma forma de naipes de los jardineros!

Junto a ellos había varios personajes de diferentes formas, incluyendo el conejo blanco que Alicia conocía.

La reina se acercó a Alicia y preguntó:

-¿Quién es ésta?

Nadie respondió.

-¡Todos ustedes son unos idiotas! –dijo la reina antes de preguntarle directamente a Alicia:

-¿Quién eres, niña?

-Yo soy Alicia. Estoy para servirle, Su Majestad – contestó Alicia cortésmente.

-Muy bien, muy bien –dijo la reina mirando las rosas del jardín. ¡Y en ese momento se dio cuenta de que las habían pintado de rojo!

-¡No puede ser! –gritó la reina, furiosa-. ¿Dónde están los jardineros?

Los tres jardineros corrieron hacia ella y se arrodillaron.

-A sus órdenes, Su Majestad... –dijo uno de ellos, sin poder decir nada más a causa del miedo.

-¿Por qué pintaron las rosas de rojo? ¿Me querían engañar? –preguntó la reina, más furiosa-. ¡Es inaceptable! ¡Qué les corten la cabeza!

Tres soldados se acercaron a los jardineros mientras que la reina continuó su marcha. Pero los jardineros salieron corriendo y se les escaparon.

Los tres soldados buscaron a los jardineros durante media hora. Y como no los consiguieron, se fueron con la reina.

Alicia los siguió, para ver qué pasaba.

-¿Les cortaron las cabezas a esos jardineros? –le preguntó la reina a los soldados.

-Sí, su majestad –contestaron los soldados. Pero ellos mentían.

-¡Qué bueno! –dijo la reina muy contenta.

Entonces la reina vio a Alicia y le pidió que se acercara.

-Dime niña, ¿quieres jugar al croquet?

Todos se quedaron callados y miraron a la niña, esperando su respuesta.

-¡Sí! -contestó Alicia.

¡Entonces, que empiece el partido! –gritó la reina.

Todos corrieron a ubicarse en sus posiciones. Segundos después, comenzó el partido.

Alicia se sorprendió por lo extraño del juego.

Las bolas eran erizos y los mazos eran flamencos. Los soldados tenían que ponerse en cuatro patas y doblarse, para formar los arcos por donde pasarían las bolas.

A Alicia le costó mucho jugar, ya que los erizos, los flamencos y los soldados se movían de tal forma, que ella no conseguía ganar ni un punto. Pero, cuando la reina jugaba, ella hacía trampa y todos colaboraban para que ella ganara.

47

Claro, todos apoyaban a la reina porque si alguien no lo hacía ¡corría el peligro de que le cortaran la cabeza!

A Alicia no le gustó aquel juego. Ganó la reina, por supuesto. ¡Hizo mucha trampa! ¡Y además apresó a sus adversarios!

En ese momento Alicia vio al gato del árbol. Estaba sonriendo como siempre.

-¿Cómo estás, pequeña? –le preguntó el gato.

-¡Quiero irme casa, gato! –contestó Alicia –¡Pero no puedo! ¡No sé cómo ir!

De repente, se oyeron unas trompetas que venían del palacio y una voz que decía:

-¡Comienza el juicio! ¡Vengan todos! ¡Comienza el juicio!

-¡Vamos al juicio! –dijo el gato.

-¿Qué juicio será ese? –preguntó Alicia siguiendo al gato hacia el palacio del rey.

ALICIA Y EL JUICIO FINAL

Cuando Alicia entró al palacio vio al rey y la reina sentados en sus tronos.

Una multitud estaba reunida en el gran salón de los reyes.

Un sirviente estaba frente a los reyes, encadenado y vigilado por dos soldados.

Cerca de los reyes, estaba el conejo blanco, con un enorme pergamino en las manos.

En medio del salón, estaba una mesa y en ésta, había una bandeja con varias tortas deliciosas.

El rey era el juez.

Un grupo de animales era el jurado.

-¡Silencio en la sala! –gritó el conejo blanco.

Todos dejaron de hablar.

-¡Qué se lea la acusación! –ordenó el rey.

El conejo blanco miró al sirviente y habló:

-¡Este sirviente está acusado de comerse una de las tortas de la reina!

El pobre sirviente temblaba de miedo, pero no decía nada.

-¿Cuál es el veredicto? –preguntó el rey al jurado.

-¡Espere, Su Majestad! ¡Espere! ¡Todavía no hemos escuchado a los testigos! –dijo el conejo blanco.

-Entonces llámalos –ordenó la reina-. Y rápido, porque si no, ¡les corto la cabeza a todos!

Volume 3: Alicia en el País de las Maravillas

-¡Qué venga el primer testigo! —gritó el conejo blanco.

Inmediatamente llegó el primer testigo. Era el sombrerero loco.

-¡Quítese el sombreo! —ordenó el rey —En presencia real, nadie puede llevar puesto su sombrero.

-Pero, ¡éste no es mi sombrero! —dijo el sombrerero.

-¿Cómo? ¿Es un sombrero robado? —gritó el rey -¡Guardias!

-¡No! ¡No es robado! —dijo el sombrerero, asustado-. ¡Es un sombrero para vender! ¡Yo soy un sombrerero!

-¡Ah, disculpe! Bueno, declare lo que tenga que declarar.

-Yo estaba tomando el té -dijo el sombrerero-. Pero no vi nada. ¡Yo no sé si ese sirviente se comió una de las tortas de la reina! ¡Yo no lo vi!

-¡Qué llamen al segundo testigo! —gritó el rey.

El segundo testigo era la cocinera que trabajaba en la casa de la duquesa. Cuando apareció, todos los presentes

51

comenzaron a estornudar. El olor a pimienta que ella tenía era muy fuerte.

-Declare lo que tenga que declarar –ordenó el rey.

-No tengo nada que decir -dijo la cocinera-. ¡Yo no vi nada! ¡Yo tampoco sé si ese sirviente se comió una de las tortas de la reina!

El rey se molestó con la respuesta de la cocinera. -¡Llamen al siguiente testigo! –gritó. Y luego, dirigiéndose a la reina dijo:

-Amor, por favor, sigue tú con el interrogatorio. ¡Yo ya tengo dolor de cabeza!

El conejo blanco leyó el gran pergamino que tenía y dijo:

-El siguiente testigo… ¡es Alicia!

Alicia se sorprendió de que la llamaran.

Entonces sintió que estaba comenzando a crecer.

Cuando se puso de pie, tropezó con el estrado del jurado.

-¡Por favor discúlpenme! –dijo ella-. ¡Parece que estoy creciendo!

-¡Eso no importa! –gritó el conejo blanco-. ¡Que siga el juicio!

-Señorita Alicia. ¿Qué sabe usted de lo que pasó con la torta? –preguntó la reina.

-¡Yo no sé nada! –contestó Alicia.

-Eso hay que anotarlo –dijo el rey, dirigiéndose al jurado.

Los miembros del jurado anotaron en sus cuadernos.

Alicia continuaba creciendo y ya casi no cabía en la sala.

-¡Debemos terminar el juicio! –dijo la reina-¡Qué el jurado dé su veredicto!

-Sí, señores del jurado, den su veredicto –ordenó el rey.

-Primero quiero oír la sentencia, después el veredicto. –gritó la reina.

-Pero que estupidez –interrumpió Alicia-. ¿Cómo van a decir la sentencia antes que el veredicto?

-¡Tú no te metas! -gritó la reina-. ¡Cállate!

Alicia había crecido tanto que, desafiando a la reina, le contestó:

-¡Pues no me callo!

-¡Que le corten la cabeza! –grito la reina, muy molesta.

-¡Ja, ja, ja! -rió Alicia, burlonamente y dijo-. ¿Qué van a poder hacerme si ustedes son tan pequeños?

Los soldados de la reina rodearon a Alicia y la atacaron con sus lanzas.

Ella se sintió muy mareada.

Entonces la vista se le nubló y sintió que estaba dando vueltas, como en un remolino…

* * *

Cuando Alicia abrió los ojos, estaba acostada junto a su hermana, en la orilla del rio.

-¡Despierta Alicia, despierta! –le dijo su hermana.

-¡Ay! ¡Qué sueño tan raro tuve! –dijo Alicia, aturdida.

Entonces Alicia le contó a su hermana todas las aventuras que había soñado.

-¡Realmente tuviste un sueño muy raro! –le dijo la hermana.

-¡Todas estas aventuras me dieron mucha hambre!

-Ve para la casa, hermana … ¡Mamá acaba de hacer unas ricas tortas!

Alicia salió corriendo hacia su casa, dejando a su hermana sola, en la orilla del río.

Entonces la hermana de Alicia se puso a pensar en todo lo que ella le había contado, imaginándose como sería vivir las aventuras de **ALICIA EN EL PAÍS DE LAS MARAVILLAS.**

Children´s Books In Easy Spanish

ABOUT THE AUTHORS

ALEJANDRO PARRA PINTO is a Venezuelan journalist and graphic designer, born in Caracas (1963). He is the editorial manager of the South American publishing company EDICIONES DE LA PARRA and is co-author of the CHILDREN´S BOOKS IN EASY SPANISH SERIES.

AMAZON AUTHOR PAGE:
http://amazon.com/author/alejandroparrapinto

ÁLVARO PARRA PINTO is a literary author and journalist born in Caracas, Venezuela (1957). He is the editor of the South American publishing company EDICIONES DE LA PARRA and has published several of his books in Kindle format, including his bestselling series CHILDREN´S BOOKS IN EASY SPANISH. Especially designed for the intermediate language student, each volume of this series is written in simple, easy Spanish.

AMAZON AUTHOR PAGE:
http://amazon.com/author/alvaroparrapinto

Contact the Author:
ineasyspanish@gmail.com

Twitter Account:
@ineasyspanish

Published by: Ediciones De La Parra
http://www.edicionesdelaparra.com

Copyright © Alvaro Parra Pinto 2014
All Rights Reserved.

Volume 3: Alicia en el País de las Maravillas

THANK YOU!

Thanks a lot for reading this book!

Our main goal is to help intermediate-level readers like you, by providing simple, selected readings in easy Spanish at low prices!

If you liked this product, please give us a minute and leave your review in Amazon:

PLEASE LEAVE YOUR REVIEW AT:

AND CHECK OUT THE REST OF THE VOLUMES OF THE SPANISH LITE SERIES!

Children´s Books In Easy Spanish

Volume 3: Alicia en el País de las Maravillas

FROM THE SAME AUTHORS
CHILDREN´S BOOKS IN EASY SPANISH SERIES

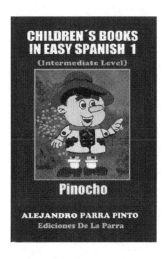

VOL. 1: PINOCHO

VOL. 2: JUANITO Y LAS HABICHUELAS MÁGICAS

VOL. 3: ALICIA EN EL PAÍS DE LAS MARAVILLAS

VOL. 4: PETER PAN

BAND 5: LA SIRENITA

VOL. 6: LA BELLA DURMIENTE

VOL. 7: BLANCANIEVES Y LOS SIETE ENANOS

VOL. 8: LA CENICIENTA

VOL. 9: EL LIBRO DE LA SELVA

VOL 10: EL JOROBADO DE NOTRE DAME

VOL 11: HANSEL Y GRETEL ¡Y MÁS!

SELECTED READINGS IN EASY SPANISH SERIES

VOL 1: TARZAN DE LOS MONOS y...

VOL 2: LOS VIAJES DE GULLIVER y...

VOL 3: DE LA TIERRA A LA LUNA y...

VOL 4: ROBINSON CRUSOE y...

VOL 5: VIAJE AL CENTRO DE LA TIERRA y...

VOL 6: CONAN EL BÁRBARO y...

VOL 7: EL RETRATO DE DORIAN GRAY y...

VOL 8: DR. JEKYLL AND MR. HYDE y...

VOL 9: LA ISLA MISTERIOSA y...

VOL 10: DRÁCULA y...

VOL 11: ROBIN HOOD

Volume 3: Alicia en el País de las Maravillas

FUNNY TALES IN EASY SPANISH SERIES

VOL. 1: JAIMITO VA A LA ESCUELA
VOL. 2: EL HOSPITAL LOCO
VOL. 3: VACACIONES CON JAIMITO
VOL. 4: EL HOSPITAL LOCO 2
VOL. 5: RIENDO CON JAIMITO
VOL. 6: NUEVAS AVENTURAS DE JAIMITO
VOL. 7: JAIMITO REGRESA A CLASES
VOL. 8: JAIMITO Y EL TÍO RICO
VOL. 9: JAIMITO Y DRÁCULA
VOL. 10: JAIMITO Y MR. HYDE

Selected Readings in Easy Spanish is especially made for intermediate language students like you. Compiled, translated and edited by the Venezuelan bilingual journalist and literary author Alvaro Parra Pinto, editor of **Ediciones De La Parra.**

AMAZON AUTHOR PAGE:
http://amazon.com/author/alvaroparrapinto

CONTACT THE AUTHOR:
ineasyspanish@gmail.com

@ineasyspanish

PUBLISHED BY: EDICIONES DE LA PARRA
http://www.ediciondelaparra.com

Copyright © Alvaro Parra Pinto 2014 All Rights Reserved.

Made in the USA
Lexington, KY
07 August 2016